COUP-D'OEIL SUR L'INFLUENCE DE LA CUISINE ET SUR LES OUVRAGES DE M. CARÊME.

PAR Mr AUDIGUIER.

PRIX : 1 FRANC.

A PARIS.
CHEZ LEVAVASSEUR, LIBRAIRE,
AU PALAIS ROYAL, COUR D'ORLÉANS;
ET CHEZ TOUS LES MARCHANDS DE NOUVEAUTÉS.

FÉVRIER 1830.

COUP-D'ŒIL

SUR

L'INFLUENCE DE LA CUISINE

ET SUR

LES OUVRAGES DE M. CARÊME.

OUVRAGES DE M. CARÊME :

Le Maître d'hotel français, 2 vol. in-8°, ornés de 10 planches.................... 18 fr.

Le Patissier royal parisien, 2 vol. in-8°, ornés de 41 planches.................. 18

Le Cuisinier français, 1 vol. in-8°, orné de 25 planches........................ 10

Le Patissier pittoresque, 1 vol. in-8, orné de 125 planches.................... 12

Tous ces ouvrages se trouvent chez l'auteur, rue Neuve-Saint-Roch, n° 41.

IMPRIMERIE DE A. FIRMIN DIDOT,
RUE JACOB, N° 24.

COUP-D'OEIL

SUR L'INFLUENCE

DE LA CUISINE

ET SUR

LES OUVRAGES DE M. CARÊME.

PAR Mr AUDIGUIER.

PRIX : 1 FRANC.

A PARIS.
CHEZ LEVAVASSEUR, LIBRAIRE,
AU PALAIS ROYAL, COUR D'ORLÉANS;
ET CHEZ TOUS LES MARCHANDS DE NOUVEAUTÉS.

FÉVRIER 1830.

COUP-D'OEIL

SUR

L'INFLUENCE DE LA CUISINE

ET SUR

LES OUVRAGES DE M. CARÊME.

Une histoire bien rédigée de l'art culinaire serait le meilleur résumé des annales du genre humain. On y trouverait une explication plus naturelle que toutes celles qu'on a données des causes qui ont présidé à la formation des sociétés, à l'élévation et à la chute des empires, à la naissance et aux progrès des lettres, des sciences, des arts, de la philosophie et des lois.

A quoi faut-il attribuer l'ignorance et la barbarie où végètent quelques races d'hommes? Pourquoi les habitants des Terres australes vivent-ils depuis un temps immémorial dans un état voisin de celui des brutes? C'est que pourvus de sens peu délicats, réduits à une pâture grossière, ils ne daignent pas même s'abaisser au soin de préparer leurs aliments, dont ils ont fait une profession à part, déconsidérée parmi eux. Voilà la cause de leur infériorité relative, ou pour mieux dire, de leur dégradation.

Comparons avec ces sauvages les peuples de l'ancienne Grèce. Vous les voyez, à leur point de départ, honorer les fonctions culinaires; leurs princes mêmes ne dédaignent pas de les pratiquer. Achille, dans l'Iliade, découpe les viandes que tient Automédon, tandis que Patrocle allume le feu. Ces commencements montrent déja l'heureux instinct de cette nation, faite pour exceller en tout, et annoncent évidemment qu'elle civilisera l'Europe.

Étendons aux Romains cette comparaison. Dans les premières années de la république, leur goût est encore agreste, et leur cuisine dans l'enfance. Aussi point d'arts, point de littérature : c'est le temps de la rudesse des mœurs, jointe à l'esprit de violence et de rapine. Mais déja cependant ils songent à bien vivre, et favorisent le travail qui sert à les nourrir. Le dictateur Cincinnatus cultivait lui-même ses choux; et le consul Curius Dentatus, qui ne dînait qu'avec des raves, les apprêtait de ses propres mains. Il y a loin sans doute de cette frugalité des anciens Romains à la somptuosité qu'étalèrent leurs descendants. Mais c'est ainsi que tout a commencé. Leur cuisine, d'ailleurs, ne franchit cet intervalle immense qu'à force de patience et de temps, car il ne s'écoula pas moins de quatre siècles entre le repas de Dentatus et le festin de Trimalcion.

Tantæ molis erat romanam condere mensam.

L'appétit démesuré de cette Rome si populeuse, lui imposa, pour l'assouvir, la nécessité de conquérir le monde. Or, comme les arts de la guerre ne peuvent se passer du secours de ceux de la paix, les uns et les autres se développèrent en même temps; et la civilisation se perfectionnant avec l'art culinaire, amena ce siècle d'Auguste, aussi célèbre par les merveilles en tout genre qu'il vit éclore, que par les dîners où Mécène réunissait la bonne compagnie de Rome, et par les vins de Falerne et de Cécube que chantait Horace, mais dont la réputation ne s'est pas soutenue jusqu'à nos jours.

Il est curieux de mettre en parallèle Rome et Jérusalem au temps de l'empereur Vespasien : l'une montait alors au faîte de la puissance, et l'autre s'éclipsait de la scène du monde. Ces deux événements si opposés trouvent chacun leur explication dans l'histoire de la cuisine. Rome, à mesure qu'elle subjuguait les peuples les plus éloignés, ne s'était pas bornée à recevoir les divinités de ces peuples dans le Capitole; elle avait aussi admis sur ses tables les mets divers dont ils se nourrissaient : heureux mélange, qui facilitait la fusion des vainqueurs et des vaincus, et qui donna à l'empire de Romulus cette unité politique, origine de son agrandissement et de sa durée. Moïse, au contraire, trop exclusif dans ses préceptes, non-seulement interdit aux douze tribus l'usage des mets étrangers, mais encore la chair de plusieurs animaux utiles de la Palestine, et principalement de celui que Tacite, avec un dédain peu philosophique, désigne sous le nom d'*ignavum animal*. Ce fut là, quoi qu'on en ait dit, le vice radical de sa politique. L'arrêt si rigoureusement prononcé contre le quadrupède qui est l'ame et le fondement de toute cuisine cultivée, étouffa celle des Hébreux, hâta leur décadence, et fit avorter les desseins de leur législateur. Sa loi subsiste encore, mais sa nation n'existe plus.

Cette sage tolérance qui avait manqué aux établissements de Moïse, aurait pu maintenir longtemps les institutions de Numa. Mais les Romains en abusèrent, et à leur propre détriment. En attirant à eux la substance des plus riches provinces, ils firent de leur capitale un magasin où s'entassèrent les provisions de la terre connue. Un superflu si excessif devait tenter des ennemis qui n'avaient pas même le nécessaire. Aussi vit-on, dès le ve siècle, de nombreux essaims accourir du Nord, se précipiter sur l'empire, et se le partager comme une ample curée. Ce fut ainsi qu'après avoir élevé Rome, la cuisine la fit tomber.

Encouragées par cet heureux succès, les émigrations des Barbares se succèdent rapidement; et quand le Nord est épuisé, un peuple du Midi, les Arabes, inondent à leur tour les contrées méridionales de notre Occident. L'invasion de ces nouveaux venus avait pour but, en apparence, la propagation de l'islamisme ; mais réellement c'était la disette qui les chassait de leurs déserts. Ils ne visaient qu'à disputer aux Goths les dépouilles du grand empire, et à faire comme eux bonne chère aux dépens des vaincus. Presque toujours le patriotisme et la religion ne furent pour les conquérants qu'un instrument et un prétexte.

La domination des Arabes fut passagère, comme leur religion elle-même n'aura qu'un temps, car elle manque par la base. Mahomet, en l'instituant, commit la double faute d'y introduire la défense portée avant lui par Moïse, et d'y fulminer anathème contre ceux qui boiraient du vin. Si du moins, dans son Alcoran, où il a réuni tout ce qu'il savait de morale, de médecine et de jurisprudence, il eût renfermé, dans un ou deux chapitres, quelques rudiments de cuisine, et tenu par-là une porte ouverte aux lumières, il aurait sauvé son ouvrage, et préparé à ses croyants un meilleur avenir. Mais il semble avoir affecté de n'en pas dire un mot. Quelques auteurs orientaux n'ont vu dans cette réticence qu'un témoignage de sa sobriété ; d'autres, réfléchissant que le prophète était mort des suites du poison qu'on lui donna dans un repas, l'ont présentée comme l'effet probable de son aversion pour un art qui avait abrégé ses jours. Quoi qu'il en soit, il est clair que cette lacune causera tôt ou tard la ruine de l'Alcoran.

Voilà donc l'Europe livrée à la voracité de ses nouveaux maîtres. Ces déprédateurs imprévoyants et désœuvrés ne songent qu'à se bien repaître, sans pourvoir aux besoins futurs. Tout dépérit à vue d'œil autour d'eux; la pénurie suit l'abondance; on oublie insensiblement les doctrines des Lucullus et des Apicius; avec elles s'éteint le flambeau de la civilisation, et le moyen âge commence.

Cependant au milieu de cette nuit profonde dont les ténèbres couvraient l'Occident, l'art culinaire, avec les lettres et les sciences, se tenant toujours par la main, s'étaient réfugiés dans les cloîtres. C'est de là qu'après dix siècles de misère et d'abrutissement, sortirent les anciennes traditions gastronomiques, lesquelles s'insinuant par degrés dans le corps social, en remontèrent les ressorts, et lui communiquèrent un nouveau principe de vie.

La restauration commencée dans les monastères, fut complétée par la plus heureuse révolution. Vasco de Gama s'ouvre un chemin vers les côtes d'Asie en doublant le cap de Bonne-Espérance, et Christophe Colomb découvre l'Amérique : événements qui tiennent du prodige, et qui devaient donner un autre cours aux destinées de toutes les nations. Cabanis était persuadé que les relations avec les Deux-Indes avaient modifié le physique et le moral des Européens, par la raison incontestable qu'un changement de nourriture influe toujours sur l'économie animale et sur les phénomènes de l'entendement. L'histoire du XVIe siècle confirme cette opinion. A cette époque, des animaux et des végétaux inconnus jusqu'alors furent apportés dans nos climats, et offerts en tribut aux jouissances de la vie civile. Ces délicieuses productions, en réveillant le goût des Européens par les sensations les plus vives, réagirent fortement sur leurs facultés intellectuelles, et aiguisèrent leur génie. L'esprit humain fit des pas de géant; il s'éleva de toutes parts des hommes extraordinaires, et des monuments qu'on n'a pas encore surpassés immortalisèrent le siècle de Léon X.

C'est ici le moment de toucher quelques mots de la réforme religieuse qui s'accomplit dans ce même temps. On n'ignore pas que si Martin Luther se mit en révolte contre la cour de Rome, ce fut bien moins pour combattre les indulgences, ou pour changer le rituel, que pour affranchir l'Allemagne des jeûnes et des abstinences prêchés dans ce pays par les missionnaires du Vatican. Ses fougueuses *protestations* contre la diète forcée (d'où est venu le nom de *protestants*), furent un acheminement bien marqué à l'émancipation de la pensée. Du droit de manger découla naturellement le droit d'examen; et l'indépendance de la cuisine aboutit à la liberté de conscience, comme le renouvellement de cet art avait conduit à la renaissance des lettres.

Tandis que l'Europe changeait de face, et que l'approvisionnement de ses marchés passait des Vénitiens aux Portugais; tandis que Bayonne et Mayence se disputaient le monopole des jambons, et que la petite ville d'Amsterdam se transformait en cité opulente par le débit des harengs salés, la France jetait les fondements de sa grandeur prochaine. L'autorité royale s'y était affermie sur les débris du pouvoir féodal. Celui-ci, dépouillé par elle de tous ses anciens droits, hormis ceux de chasse et de pêche, ne défendait encore sérieusement que ses perdreaux, ses lièvres et ses saumons. La couronne était disposée à les lui laisser; mais le peuple enfin eut envie d'en goûter à son tour. Alors commença cette lutte intestine entre l'aristocratie regorgeant de tout et la démocratie affamée, avant-coureur d'un choc inévitable. Il est à croire qu'Henri IV avait dessein de faire prévaloir des sentiments plus pacifiques, lorsqu'il manifesta le vœu que chaque paysan de son royaume pût mettre la poule au pot tous les jours de fête; mais la mort funeste de ce bon roi ne lui laissa pas le temps de mettre les parties d'accord.

Si une telle transaction eût été possible, la cuisine l'aurait conclue sans efforts, sans commotions, et par le seul attrait du cabaret. C'était dans ces lieux de divertissement que se rapprochaient quelquefois, du temps de Sully et de Richelieu, les différentes classes de la société. Mais leur réconciliation tenait à un partage, plutôt qu'à un simple rapprochement; et c'est à quoi les mieux loties ne voulurent jamais entendre. Le cabaret n'en eut pas moins l'honneur de les habituer à vivre bien ensemble, d'adoucir les esprits, de polir les manières, d'effacer les traces de rouille qui ternissaient encore les qualités brillantes de la nation, et de marquer ainsi la transition de l'époque de François Ier à celle de Louis XIV.

Il faut avouer que la gastronomie, dont ce grand siècle fut l'ouvrage, en reçut bien moins de faveurs qu'elle n'avait droit d'en attendre, et qu'elle n'atteignit pas la hauteur que lui assignait le suicide héroïque de son représentant Vatel. Sans chercher les raisons pourquoi la cuisine classique ne commença vraiment à se fixer que sous le règne de Louis XV, nous dirons seulement que l'usage des petits soupers, si connus dans notre histoire littéraire, fit la fortune du XVIIIe siècle. C'est en effet dans ces petits soupers que se formèrent tant de rares génies, Voltaire, Diderot, d'Alembert, et cette foule d'encyclopédistes, que leurs détracteurs accusèrent d'athéisme et d'immoralité : imputation assez réfutée par la vie exquise de ces voluptueux écrivains, et qu'on pouvait tout au plus adresser à l'astronome Lalande, qui, à ce qu'on prétend, mangeait des araignées.

Nous voici arrivés aux jours de gloire de la gastronomie, à cette mémorable révolution qu'elle seule a fait naître, et qu'elle seule achèvera. On sait comment la cuisine française a étendu ses conquêtes de proche en proche, comment elle a dressé ses batteries au sein des foyers étrangers, et substitué ses ingénieux procédés à la *polenta* des Italiens, au *verdame* des Ragusais, aux insipides *garbanzos* des Espagnols, et au *sauerkraut* des Tudesques. C'est d'elle qu'on peut affirmer qu'elle fera le tour du monde : elle est en marche, et on ne l'arrêtera pas. Voyez comme depuis longtemps tous les arts de l'esprit et de la main concourent à la seconder. L'agriculture a sacrifié les jachères au système des assolements ; la navigation nous a enrichis de plusieurs végétaux utiles ; l'économie politique a proclamé la liberté des céréales ; la mécanique et la chimie ont fourni les tablettes de bouillon à l'usage des voyageurs, les fruits et les légumes préparés de M. Appert, la marmite autoclave de M. Lemare, et les soupes à la Rumford. La législation elle-même, en reconnaissant le principe de l'égalité de l'impôt, a singulièrement accru la production et la consommation. La morale seule jusqu'à présent s'est montrée réfractaire ; la morale, qui s'obstine encore à chercher l'explication de l'homme ailleurs que dans son estomac ; un seul de ses maîtres, un seul, Vauvenargues, s'est rapproché de la bonne voie, et quand il a dit que les grandes pensées viennent du cœur, il ne s'est pas mépris de beaucoup.

Partons de ces mêmes données pour juger de l'état présent des sociétés européennes. Cessons de rapporter à un principe d'insubordination et à l'amour des nouveautés le malaise qui les travaille. Non, non, il ne s'agit pour elles que de mieux vivre, il n'est question que de leur répartir les subsistances plus également. Ce serait aussi une étrange erreur de les assimiler à ces peuples de l'Indostan, périodiquement décimés par la famine, que nos voisins de delà la Manche gratifient de missionnaires et de moniteurs au lieu de cuisiniers et de magasins d'abondance, puisque les Indous professent encore pour la plupart les préceptes de Pythagore, et les Européens ceux de Sancho Pança, lequel, en fidèle écuyer, prenait à cœur la gloire de son maître, mais qui avant tout s'inquiétait des provisions de son bissac. Tel est l'esprit de nos populations. Tous les gosiers sont dans l'attente, tous les gasters revendiquent leurs droits. Il est temps enfin d'aviser aux moyens de les héberger; il est temps de les faire participer aux bienfaits des gouvernements représentatifs, primitivement créés pour les ventres, et qui trop souvent n'ont tourné qu'au profit des ventrus.

Que les souverains marchent donc de concert avec leurs sujets, s'ils veulent en être suivis; car, ainsi que le dit M. d'Outrepont, dans ses *Promenades d'un solitaire*, les hommes ne vont où on les mène, que lorsqu'on les mène où ils veulent aller. J'ajouterai que fort souvent ils sont plus pressés d'y aller, que leurs chefs de les y conduire.

Témoin les Russes, qui, las de ne manger dans leur pays que du gruau et du caviar, ont pour ainsi dire entraîné le czar avec eux jusqu'aux fertiles contrées que baigne la mer Noire, où ils se promettaient de prendre quelques bons repas, et d'où ils ne sont repartis en effet qu'après s'être bien restaurés. Les cabinets avaient dû s'y attendre; ils avaient dû prévoir que les Russes ne s'accommoderaient plus de leur cuisine après avoir connu la nôtre. Du reste, ce n'est pas à nous de nous récrier sur cette excursion gastronomique, ni de taxer les Russes d'indiscrétion, nous qui fûmes quinze ans traités gratis à table d'hôte dans le Nord et dans le Midi. Mais, d'un autre côté, nous savons trop ce que nous a coûté leur entretien, pour ne pas compatir à la détresse du Sultan, si, comme on le présume, il est obligé d'essuyer une seconde visite de ses hôtes, qui seront d'autant plus insatiables qu'ils auront jeûné plus long-temps dans leurs quartiers d'hiver. Quoi qu'il en soit, l'intérêt commun exigerait que le Grand-Seigneur s'exécutât de bonne grace, comme nous l'avons fait en pareil cas. Il importe à l'Europe que les Moscovites soient civilisés. Nous avons commencé leur éducation : que les Mahométans l'achèvent.

On voit, par tout ce qui précède, que la condition de l'humanité fut constamment subordonnée aux vicissitudes de la cuisine. L'histoire n'est que le récit des combats, des pillages, des déplacements causés par la faim. *Il faut manger*, a été de tout temps la devise des hommes ; et la terre est un vaste gâteau qu'ils se disputeront à jamais.

Terminons ici ces vues abrégées, et ce plan imparfait d'un ouvrage qui manque à nos bibliothèques. La gastronomie attend un historien ; mais celui qui voudra mériter ce titre, aura en vain approfondi toutes les connaissances humaines, s'il ne consulte aussi les livres de M. Carême, que le monde gourmand considère comme les archives de l'art, et dont nous allons rendre compte sommairement.

Ainsi que tous les hommes supérieurs, M. Carême eut de bonne heure la conscience de ses forces et le pressentiment de son avenir. Il commençait à peine le noviciat de sa profession, qu'il nourrissait déja le dessein de transmettre son nom à la postérité. Dans un âge qui d'ordinaire est si peu économe du temps, il passait le sien à s'instruire au cabinet d'estampes de la Bibliothèque royale, où il étudiait les dessins de Vignole et de Palladio, pour en appliquer les beautés aux décorations de la table. La réputation précoce du jeune artiste lui procura bientôt les plus flatteuses distinctions. Il fut tour à tour appelé par les souverains de l'Angleterre, de l'Autriche et de la Russie, comme Bernini fut jadis appelé par Louis XIV, et Falconnet par Catherine II. L'antiquité n'a point d'exemple d'un plus grand honneur décerné au talent culinaire, si ce n'est le fameux trait de générosité de Marc-Antoine, lequel, dans un repas donné à

Cléopâtre, fut si content de son cuisinier, qu'il lui accorda une ville pour récompense.

La fortune souriait à M. Carême, et son nom était prononcé dans toutes les cours. Mais sa pensée le ramenait continuellement aux plans interrompus de sa jeunesse. Il en reprit enfin l'exécution; et après avoir dit adieu aux palais des rois, il revint à Paris, où il publia successivement ses quatre principaux ouvrages : le *Cuisinier français*, fruit de vingt-cinq ans d'investigations; le *Pâtissier royal*, recueil de compositions suaves et gracieuses; le *Maître d'hôtel français*, où brillent à-la-fois le praticien habile et l'administrateur consommé; enfin, le *Pâtissier pittoresque*, livre tout-à-fait neuf, et qui valut à son auteur le surnom de Palladio de la pâtisserie.

L'apparition de ces ouvrages fit d'autant plus de sensation, qu'on n'était pas accoutumé à trouver dans les livres du même genre, ni un esprit aussi analytique, ni une méthode aussi lumineuse, ni une érudition aussi variée. La partie biographique surtout parut un modèle du genre : c'est là que M. Carême passe en revue tous les grands noms de la science culinaire, et qu'il fait à chacun sa part; il y prodigue les expressions de sa reconnaissance pour ses premiers maîtres, et de son estime pour les disciples qui, sur ses pas, ont porté au plus haut point de perfection le fini de la sauce, le coloris du rôt, et le galbe du feuilletage. Il cite avec admiration l'industrie de ce fournier de la capitale, dont le four chauffe d'un côté, tout en cuisant de l'autre des biscuits de Savoie; comme il retrace avec enthousiasme les travaux du célèbre Tiroloy, du grand Avice, et de l'immortel Laguipière. Mais peut-être a-t-il coulé trop légèrement sur les illustrations de l'ancienne cuisine; et je crains que les connaisseurs ne lui reprochent surtout d'avoir omis le nom de Favart, le père de l'auteur comique, pâtissier distingué du temps de la Régence, et l'inventeur des échaudés.

M. Carême n'a pas cru devoir uniquement s'occuper, dans ses ouvrages, de ce qui flatte et réjouit les sens: il y a fait entrer un vocabulaire des mots techniques de la gastronomie; une discussion grammaticale sur l'origine des appellations françaises ou étrangères qui en désignent les plus belles créations; des remarques sur les grands bals (1); des recherches faites dans ses voyages sur les productions naturelles des différents climats; des réflexions de morale enjouée qui se mêlent heureusement à ses digressions

(1) Ce serait ici le cas de citer textuellement le chapitre du *Pâtissier royal parisien* où il est question des *grands bals*, et d'expliquer par quels moyens M. Carême a su résoudre le problème qui consistait à joindre, dans ces fêtes si brillantes mais si dispendieuses, l'économie à la magnificence. Mais les bornes de cette esquisse me forcent de tout abréger, et de renvoyer, pour les détails, au livre même de l'auteur.

scientifiques; et enfin, des vues raisonnées sur l'hygiène, sur le beau dans la poésie, la musique et l'architecture, et sur les méthodes d'enseignement suivies dans nos écoles: par où l'on voit qu'il a saisi les plus secrets rapports de sa profession avec la médecine, les beaux-arts et l'instruction publique, rapports qu'on ignorait avant lui, mais qui n'en existaient pas moins.

La médecine, en effet, n'ayant d'autre but que d'entretenir ou de rétablir la santé, à quoi elle ne parvient, de son propre aveu, que par le discernement et l'emploi des diverses substances alimentaires en raison des tempéraments, le médecin qui ne s'est pas rendu expert dans toutes les manipulations culinaires ne connaît son art qu'à demi, et il est telle infirmité qu'il traitera moins bien qu'un habile officier de bouche (1).

Les beaux-arts sont liés plus intimement encore avec la gastronomie : c'est une vérité qui ressort du langage même. La dénomination commune de *goût*, appliquée indistinctement au goût poétique et au goût sensuel, témoigne assez de leur affinité, et dénote visiblement que la perfection de l'un dépend de la délicatesse de l'autre.

---

(1) Durant l'espace d'un an que M. Carême a dirigé en chef les cuisines du roi de la Grande-Bretagne, Sa Majesté, qui est depuis long-temps affligée de la goutte, n'a ressenti aucune atteinte de cette cruelle maladie.

Pour ce qui est de l'instruction publique, le besoin qu'elle ressent depuis long-temps de s'allier avec la cuisine s'offre aux yeux les moins exercés. On est chaque jour étonné de rencontrer, dans les pensions bourgeoises de Paris, des hommes, estimables d'ailleurs et d'un esprit orné, qui savourent de bonne foi les mets les plus rustiques, les assaisonnements les plus nauséabondes, et qui appartenant au siècle des lumières par leurs connaissances, semblent, par cet appétit vicieux et inculte, être nés dans les siècles de barbarie. D'où il faut conclure que tout le monde ne sait pas manger; que l'éducation de la bouche est encore à faire pour bien des gens qui ne s'en doutent pas (1); qu'on ne sortira de cette ignorance que lorsqu'il y aura dans tous les colléges une classe de cuisine et de pâtisserie; et que lorsque ce temps heureux sera venu, un jeune homme bien élevé se fera partout reconnaître à son système de manducation.

Il est aisé de s'apercevoir, en parcourant les di-

---

(1) C'est un aveu que l'on peut faire sans rougir, après qu'un des plus grands monarques de notre temps en a donné l'exemple. On racontait malignement, devant l'empereur Alexandre, qu'un cuisinier français, jadis à son service, y avait amassé une grande fortune. « J'en suis bien aise, répondit l'empereur, il le méritait bien, c'est lui qui nous apprit à manger. »

vers traités de M. Carême, qu'il a eu l'intention de les rendre utiles à plusieurs classes de lecteurs. Mais c'est à vous d'abord qu'il les a destinés, jeunes gens qui aspirez au difficile emploi de maître-queux. Profitez donc de ses leçons; et quelle que soit votre aptitude, persuadez-vous bien qu'elle a besoin de guide; que les bons ragoûts ne s'improvisent pas; et qu'une application soutenue peut seule vous initier à la théorie des chambords, aux secrets des croque-en-bouche, et aux mystères du vole-au-vent.

Il a écrit aussi pour vous, Sybarites raffinés qui humez avec extase le parfum de la truffe, et dont le cœur s'épanouit au fumet de la venaison. Vous apprécierez cette rotation de mets, cette variété de condîments, cette succession de saveurs, qu'il a si laborieusement combinés pour mériter votre suffrage.

Il obtiendra le vôtre également, observateurs pieux des ordonnances de l'Église; car il a soigné par-dessus tout le chapitre du maigre, et il s'est fait un point capital de consacrer la quintessence de ses talents aux quarante jours de l'année dont il porte le nom.

Vous accueillerez enfin avec approbation les recettes de M. Carême, amphitryons et parasites engourdis par les glaces de la vieillesse. Elles redoubleront l'énergie de vos forces gastriques, elles vous mettront en état de figurer long-temps encore au banquet de la vie (1). Ah! s'il eût reçu en partage le génie de la mécanique, il aurait vraisemblablement opéré en votre faveur de plus grandes choses; et peut-être eût-il surpassé le chef-d'œuvre de Vaucanson, lequel était venu à bout, comme on sait, de faire manger et digérer un canard automate.

Mais M. Carême, quoique ambidextre, ne fut jamais mécanicien, et c'est même inutilement qu'il naquit architecte (2). Les circonstances l'ont jeté hors de sa vocation, et il a déserté le Parnasse pour s'enrôler sous les bannières de Comus. Qu'il ne s'en plaigne pas : l'art de nourrir les hommes est aussi honorable pour le moins que l'art de les loger. Dans celui-là, d'ailleurs, il tient le premier rang; aucune renommée ne s'élève au-dessus de la sienne. Réformateur de l'ancienne école,

---

(1) C'est un des axiomes de M. Carême, que la bonne cuisine est l'unique principe de la longévité. Il ne doute pas que de deux grands seigneurs, entre qui tout serait égal, l'âge, la complexion, les idées et les habitudes, celui des deux qui aurait le meilleur cuisinier ne vécût une dizaine d'années de plus que l'autre.

(2) M. Carême a mis au jour deux *Recueils de Projets d'embellissements pour les villes de Paris et de Pétersbourg*, dédiés l'un à S. M. Charles X, l'autre à S. M. Alexandre, autocrate de toutes les Russies, projets qui ont mérité les éloges de nos premiers artistes, et qui assurent à leur auteur une place distinguée parmi les architectes du 19e siècle.

et fondateur de la moderne, il ne lui reste plus qu'un titre à conquérir : celui de président de ce Congrès gastronomique dont lui-même a conçu l'idée; respectable assemblée, où comparaîtraient les diplomates de l'office, les grands-dignitaires du buffet, et tous les *cordons-bleus* à la suite; où l'on mettrait en délibération les méthodes culinaires devenues l'expression récente de la société; et dont la clôture serait un splendide festin, composé des mets nouveaux inventés par les orateurs, et exécutés par eux-mêmes.

FIN.

www.ingramcontent.com/pod-product-compliance
Ingram Content Group UK Ltd.
Pitfield, Milton Keynes, MK11 3LW, UK
UKHW022151260726
13993UKWH00005B/2287

9 782329 326672